AF321103

MEMOIRE

SUR UNE NOUVELLE MÉTHODE DE PRATIQUER
L'OPÉRATION DE LA TAILLE CHEZ LA FEMME.

Par J. LISFRANC,

Membre titulaire de l'Académie royale de Médecine, Chirurgien du Bureau central d'admission aux hôpitaux civils, Professeur de chirurgie et de médecine opératoire, etc.

Dès sa naissance, la médecine, frappée des dangers attachés au séjour des corps étrangers dans la vessie, s'occupa des moyens de remédier à cette maladie, et fit de grands efforts pour en obtenir la guérison. On trouve, en effet, dans le cadre nosologique, peu d'affections contre lesquelles le génie et la sagacité des chirurgiens se soient plus exercés : aussi les méthodes sont nombreuses, et j'aime à redire, avec mes anciens maîtres, que plusieurs d'entre elles ont suffi pour recommander leurs auteurs à la postérité. Mais toutes ces méthodes, quelqu'ingénieuses qu'elles soient, exposent, les unes à des phlegmasies qui deviennent très souvent mortelles, les autres à des hémorrhagies graves et presque certaines, d'autres à des incommodités dégoûtantes et ordinairement incurables ; d'autres enfin échouent presque constamment. Je vais communiquer à l'Académie un nouveau mode opératoire qui paraît offrir de grands avantages sur tous ceux de même genre proposés jusqu'aujourd'hui. Je ferai, avant tout, l'histoire de l'art considéré sous le point de vue qui m'occupe. Toutefois, j'abuserais des momens de l'Académie, si je décrivais les méthodes et les procédés ; je répéterais d'ailleurs ce que tout le monde sait ; je ne m'attacherai donc qu'à indiquer les moyens par lesquels on a attaqué les calculs, et je signalerai rapidement les avantages et les inconvéniens de chacun des modes d'opérer connus.

C'est dans l'Egypte, berceau des arts et des sciences, que, d'après Prosper Alpin, naquit la méthode de dilater lentement l'urètre; mais l'expérience a démontré que le séjour des sondes dans ce canal pouvait produire, chez la femme, l'incontinence d'urine. Cette méthode a donc le double inconvénient de n'être applicable qu'à un petit nombre de cas, et d'exposer à une grande incommodité.

Les lithontriptiques sont tombés dans l'oubli ; il serait inutile de faire remarquer que les liquides irritans que l'on introduirait produiraient des effets funestes. Je ne parlerai point de la sonde à double courant, à l'aide de laquelle l'on peut faire circuler dans la vessie une quantité considérable de véhicule dans un temps très court ; ce moyen, imaginé par Étienne Hales, et connu en France en 1744, par la traduction de Sauvages, ne fut jamais couronné de succès.

La pince d'Étienne Hales, qu'on attribue si mal à propos à Hunter, portée dans la vessie pour extraire le corps étranger par l'urètre non incisé, échoue presque constamment, même dans les cas qui en requièrent l'usage.

On a renoncé à la dilatation instantanée de l'urètre et du col de la vessie ; la perte du ressort de ces organes, les déchirures, les inflammations devaient éloigner les praticiens de cette méthode.

La méthode par incision du col de la vessie, dans laquelle on divise l'urètre, et l'on porte l'instrument entre l'artère honteuse et le vagin, expose à leur lésion et à celle de la partie latérale de la vessie ; d'ailleurs, comme le fait observer M. Dupuytren, dans sa thèse, la plaie, quoique prolongée autant que possible, n'est cependant pas assez grande pour permettre d'extraire un calcul, même de volume ordinaire : or, l'extraction de ce calcul produit souvent la déchirure du vagin : ce moyen est rejeté.

Si la double incision de l'urètre, conseillée par Louis et Fleurant, a l'avantage de faciliter l'extraction des calculs et d'exposer moins le vagin à être déchiré par eux, l'opérateur n'en est pas moins exposé à blesser avec le bistouri ce conduit musculo-membraneux et l'urètre ; ici, d'ailleurs, l'incontinence incurable est fréquente.

La méthode qui consiste à inciser depuis l'urètre jusque vers la symphyse du pubis est brillante, simple et facile ; mais M. Dubois, son inventeur, convient qu'elle est assez souvent suivie d'incontinence d'urine.

La taille vaginale compte beaucoup de succès ; les observations rapportées par Fabrice de Hilden, Rosset, Ruysch et Tollet, attestent cette assertion ; mais l'expérience a très souvent prouvé que cette méthode donnait lieu à des fistules incurables.

Quoique le haut appareil soit plus facile à pratiquer

chez la femme que chez l'homme, l'on y a renoncé toutes les fois que le calcul n'est pas très volumineux : il vaut beaucoup mieux, en effet, exposer les femmes à quelques incommodités que de leur faire courir les dangers de perdre la vie.

Après avoir montré que toutes les méthodes et tous les procédés qui en découlent sont entachés de graves défauts, je vais jeter quelques considérations anatomiques sur le bassin, sur l'urètre, sur la vessie, et sur les organes externes de la génération de la femme ; je décrirai ensuite la méthode que j'ai imaginée.

M. le docteur Serres, dans son excellent ouvrage sur les lois de l'ostéogénie, explique d'une manière fort ingénieuse la formation des trous sacrés, et démontre l'existence de quatre pièces dans l'*os coxal* ; la quatrième, qui concourt le plus souvent à la formation de la cavité cotyloïde, est l'analogue de l'os marsupial des didelphes ; elle se trouve quelquefois dans la symphyse du pubis, d'où résultent des diamètres plus considérables du bassin. Au nombre de ces quatre pièces, nous trouvons le pubis et l'ischion, qui forment en avant l'arcade pubienne. Il est important pour nous d'indiquer l'écartement que les os présentent vers ce point. Comme M. Serres, nous le ferons pour tous les âges.

Mesuré transversalement à la moitié de la hauteur des branches ascendantes de l'ischion, et descendantes du pubis, cet écartement offre, 1°. chez le fœtus à terme, deux lignes trois quarts ; 2°. chez l'enfant de quatre ans, treize lignes ; 3°. chez celui de huit ans, dix-neuf lignes ; 4°. dans la dixième année, vingt-une lignes ; 5°. dans l'âge de la puberté, vingt-huit lignes et demie.

Le clitoris, dont les deux corps caverneux se réunissent sur la face antérieure de la symphyse du pubis, présente vers ce point, toutes choses égales d'ailleurs, une saillie d'autant moins marquée qu'on approche davantage du terme de l'accroissement. M. Serres a démontré, dans ses leçons, que cette différence tenait à ce qu'à l'âge de la puberté, l'écartement des os sur lesquels s'implante l'organe étant plus considérable, ses branches suivant cet écartement, ramènent son corps en arrière. Moins développés avant l'âge pubère, les corps caverneux sont complétement situés sur la face antérieure des os. Dans l'âge adulte, les branches du clitoris, lors même qu'elles sont injectées, recouvrent à peine le bord interne des pubis : de nombreuses dissections ont attesté ce fait.

L'urètre, long de douze à treize lignes, appliqué sur le vagin, forme une légère courbe à concavité supérieure ; sa face supérieure est distante de trois à quatre lignes de la symphyse du pubis dans l'état ordinaire ; mais cet espace est occupé en bas par une couche légère de tissu érectile, plus haut par une couche de tissu cellulaire serré, mais élastique ; il résulte de cette disposition, qu'une sonde courbe, introduite dans ce canal, peut le déprimer et l'éloigner au moins d'un pouce de la symphyse : je n'ai pas besoin de dire que le vagin est soumis à cette dépression.

Artère honteuse interne. Lorsqu'elle est arrivée vers la tubérosité de l'ischion, quelquefois avant d'y parvenir, d'autres fois après l'avoir dépassée, elle se divise en deux branches : l'une, superficielle, après avoir

donné des rameaux aux muscles qui s'insèrent à la tubérosité de l'ischion, au pourtour de l'anus, au périnée,
s'enfonce dans l'épaisseur de la grande lèvre, fournit des
branches au vagin, et va se perdre à la partie supérieure
du clitoris et dans le mont de Vénus; l'autre, profonde,
se porte obliquement en dedans, en haut et en avant,
appliquée contre la partie interne de la branche de l'ischion. Placée derrière le muscle transverse, elle fournit
une branche qui s'enfonce dans la cloison recto-vagi-
nale ; ensuite l'artère monte en avant, logée sous le clitoris et le muscle ischio-clitorien, s'approche davantage
du bord interne de la branche du pubis, au-devant de
laquelle elle se place, lorsqu'elle est arrivée à un pouce
de la symphyse. Elle donne, vis-à-vis la paroi antérieure
du vagin, un rameau qui va se perdre dans la cloison
urétro-vaginale, longe la face antérieure de la branche
et du corps du pubis, s'engage sous la commissure des
branches du clitoris, se perd dans son tissu après avoir
donné des rameaux presque capillaires aux parties molles
situées entre l'urètre et la symphyse pubienne.

Il existe au-dessous du clitoris un espace triangulaire : c'est le vestibule, borné en haut par la symphyse
du pubis, en bas par l'urètre, très facilement dépres-
sible ; il l'est, en dehors, par les branches du pubis, les corps caverneux, le muscle ischio-caverneux,
l'artère honteuse interne, les grandes lèvres et les
petites. Cet espace se prolonge des deux côtés en
dehors et en arrière entre l'urètre, le vagin et les
os du bassin ; la hauteur de ce triangle est de plus
d'un pouce, lorsque le canal urétral est déprimé.
La distance qui sépare la face externe de la membrane

(7)

muqueuse de la face antérieure de la vessie, est ordinairement d'un pouce.

Quand l'on divise cet espace, on trouve, en procédant d'avant en arrière, 1°. la muqueuse; 2°. du tissu cellulaire; 3°. le muscle constricteur du vagin, qui s'étend souvent jusqu'à la partie supérieure des branches du clitoris, circonstance que les anatomistes n'ont pas notée; 4°. un tissu cellulaire serré très élastique; enfin les ligamens antérieurs de la vessie; en haut de l'espace siége le ligament triangulaire de la symphyse; près de l'urètre se rencontre la faible couche de tissu érectile que nous avons indiquée. N'omettons pas de faire observer que quelques nerfs, quelques rameaux artériels presque capillaires rampent dans les tissus que nous venons d'énoncer.

La *vessie*, située plus haut que chez l'homme, devient par cela même plus voisine de la paroi antérieure de l'abdomen; cette disposition est d'autant plus marquée, qu'on l'examine plus près de l'époque de la naissance. Chez les femmes qui ont eu beaucoup d'enfans, le diamètre transversal de l'organe est plus considérable. On sait, d'ailleurs, que le tiers supérieur seulement de la face antérieure de la vessie est recouvert par le péritoine, et que cette face n'est ordinairement parcourue que par des vaisseaux fort déliés. Le tissu cellulaire qui l'unit au corps du pubis, est extrêmement élastique.

NOUVELLE MÉTHODE OPÉRATOIRE. — *Premier temps.* La femme étant située comme dans les autres méthodes, pour pratiquer la taille sous-pubienne, deux aides écartent légèrement les grandes lèvres et les petites; l'opérateur, placé entre les cuisses de la malade, porte dans la vessie un cathéter ordinaire.-Lorsque l'instrument est parvenu dans le réservoir urinaire, sa convexité est dirigée en haut, la plaque est confiée à un aide, qui, pressant légèrement de haut en bas sur elle, déprime l'urètre et le vagin, comme nous l'avons dit; ensuite le chirurgien, qui va opérer entre l'urètre et la symphyse, explore avec le doigt indicateur la position des branches du pubis et du clitoris; ce doigt, porté dans le vagin, peut sentir l'artère honteuse, en apprécier les anomalies, qui, comme nous l'observerons plus tard, ne doivent pas d'ailleurs l'embarrasser; mais l'aire sur laquelle l'incision doit être faite, a été scrupuleusement examinée : alors l'opérateur tenant de la main droite, comme une plume à écrire, un bistouri ordinaire, pratique une incision semi-lunaire à convexité antérieure ou supérieure, tandis qu'avec sa main gauche il soutient les tissus, et marque, avec ses doigts indicateur et médius les lieux où la solution de continuité doit commencer et finir. Elle commence au niveau de la face latérale droite du méat urinaire, longe les branches et la symphyse des pubis, dont elle est distante d'une ligne, et vient se rendre au côté diamétralement opposé. Il faut que le manche du bistouri soit moins élevé que la pointe. On pourrait, en un seul temps, à la rigueur, pénétrer jusqu'à la vessie, et même jusque dans cet organe; mais cette manœuvre serait imprudente : nous préférons couper, couche par couche, les tissus résistans que nous avons indiqués plus haut, et écarter le tissu cellulaire avec le doigt indicateur, le long duquel l'instrument est porté pour plus de sûreté. Il est extrêmement important de ne pas exercer sur la face antérieure de la vessie mise à nu des pressions capables de la détacher du corps du pubis.

Deuxième temps de l'opération. — L'opérateur, parvenu sur la face antérieure et inférieure de la vessie, peut l'inciser transversalement après y avoir plongé son bistouri : ce procédé nous a réussi ; mais si le pouce et l'indicateur de la main gauche étaient introduits, le premier dans le vagin, le second dans la plaie, en saisissant les tissus placés entre eux, en exerçant de légères tractions sur eux, la vessie serait tendue, ramenée un peu en avant, et alors l'incision longitudinale ou transversale deviendrait plus sûre et plus facile.

Craint-on que ces manières d'inciser la vessie deviennent dangereuses ? qu'on divise l'organe sur la convexité du cathéter, ou bien, qu'on remplace cet instrument par la sonde à dard, qui en aura tous les avantages : dans l'un et l'autre cas, la paroi antérieure de la vessie ayant été légèrement ouverte au-delà du col, le doigt indicateur pénètre dans l'ouverture, qu'il devient ensuite extrêmement aisé d'agrandir longitudinalement ou transversalement.

L'incision longitudinale est parallèle à l'axe des fibres musculaires de la vessie ; mais son extrémité supérieure siége à quinze lignes du péritoine.

L'incision transversale est perpendiculaire à l'axe de ces fibres, mais elle est située à une beaucoup plus grande distance du péritoine ; elle semble devoir être préférée : je laisse cependant à l'expérience le choix entre ces deux procédés.

La méthode que nous proposons est simple, prompte et facile ; depuis assez long-temps nous l'avons fait mettre en usage par plusieurs élèves , qui l'ont parfaitement exécutée.

Si l'on nous objectait que l'urètre peut être blessé , nous répondrions que les nombreux essais que nous avons fait tenter par les élèves les moins exercés ont prouvé l'impossibilité de cette lésion. Quant à celle des artères honteuses internes et du clitoris, nous les avons fait constamment éviter en suivant les données anatomiques que nous venons d'établir. D'ailleurs , la plaie est toujours assez large pour que l'on puisse employer tous les moyens propres à arrêter les hémorrhagies. Il est impossible de blesser le vagin. N'oublions pas de faire remarquer que dans la taille , suivant la méthode de M. Dubois , l'on incise souvent sur les parties latérales pour faciliter l'extraction d'un calcul volumineux , et qu'il n'arrive pas d'accidens. L'hémorrhagie fournie par la section pratiquée sur le corps de la vessie est si rare , qu'on en cite à peine deux exemples dans les annales de l'art.

La plaie que nous pratiquons a des diamètres plus étendus que dans toutes les autres méthodes sous-pubiennes ; sa forme semi-lunaire permet de déprimer davantage le vagin , et d'inciser avec plus de sûreté en bas et en arrière, si besoin est : elle est donc plus avantageuse pour retirer de gros calculs. (C'est dans les cas de vice de conformation du bassin qu'il peut devenir indispensable de prolonger l'incision.)

L'écoulement de l'urine se fera facilement par l'u-
rètre ou par la plaie. Son infiltration nous paraît impossible, 1°. parce que la vessie est plus haut chez la
femme que chez l'homme ; 2°. parce que le tissu cellulaire placé entre la vessie et le pubis est peu abondant ,
fin et élastique ; 3°. parce que le peu de longueur du
canal , sa largeur, sa position plus déclive , devront,
comme l'ont observé les auteurs, favoriser l'écoulement de l'urine ; 4°. à la rigueur , l'écoulement des
urines et des mucosités par l'urètre ne pourrait être
empêché que par une inflammation : or , l'inflammation
se serait préalablement emparée de la plaie , et aurait
rendu le tissu cellulaire voisin imperméable. Une sonde,
placée pour quelques jours dans l'urètre, pourrait peut-
être devenir utile.

L'inflammation de la vessie et du péritoine ne sera
pas plus à craindre , quand nous inciserons la vessie
transversalement, que si nous taillons sous le pubis
par une autre méthode.

Nous ferons d'ailleurs observer que la section du
col de la vessie et l'extraction du calcul par ce point ,
sont beaucoup plus douloureuses que dans l'opération
que nous pratiquons sur le corps de l'organe.

La méthode que nous communiquons à l'Académie
évite donc les inflammations péritonéales , les fistules
urinaires , les incontinences d'urine , accidens qui se
développaient trop souvent, et contre lesquels tous les
moyens de l'art venaient souvent échouer.

FIN.

MÉMOIRE

SUR

UN NOUVEAU PROCÉDÉ POUR L'AMPUTATION
DANS LES ARTICULATIONS DES PHALANGES;

PAR J. LISFRANC,

Membre titulaire de l'Académie royale de Médecine,
Chirurgien du bureau central d'admission aux hôpitaux civils, Professeur de chirurgie et de médecine
opératoire, etc.

En général, les Chirurgiens se sont livrés à des recherches multipliées, et ils ont inventé des procédés
nombreux toutes les fois qu'il s'est agi de haute chirurgie ; mais ils semblent avoir souvent dédaigné de
consacrer leurs veilles à des opérations moins impor-
tantes : l'histoire de la désarticulation des phalangines et des phalangettes suffit seule pour prouver
cette assertion. Il y a, en effet, dans les auteurs, disette
de procédés, et le plus souvent simple indication du
mode opératoire. Cependant la pratique fournit de
nombreuses occasions de faire ces amputations; et
ceux qui les ont pratiquées savent comme moi que les
difficultés sont quelquefois grandes, que les tendons
fixés sur la seconde phalange peuvent être coupés, et
de-là gêne ou perte des mouvemens; qu'après une opération laborieuse la cicatrisation doit se faire attendre
plus long-temps; que l'exquise sensibilité des doigts peut

amener les convulsions , le tétanos, complications ter-
ribles contre lesquelles échouent presque toujours
toutes les médications. Frappé de tous ces inconvéniens , je fis, en 1815 , de l'opération qui nous occcupe,
l'objet de quelques méditations ; je prouverai qu'elles
n'ont pas été infructueuses , puisque je suis parvenu
à lever les difficultés , même pour les chirurgiens les
moins exercés. Les cas de tuméfaction considérable
n'embarrasseront plus; j'ai donné la preuve de ce fait
à beaucoup de praticiens nationaux et étrangers , ainsi
qu'au grand nombre d'élèves qui fréquentent mes
cours. Il existe vers les articulations des deuxièmes et
des troisièmes phalanges ,. des plis qui ont avec ces
articulations des rapports constans et qui servent de
guides fidèles pour pénétrer entre les os.

Avant d'indiquer ces rapports , de faire l'anatomie
chirurgicale des articles , et de décrire notre procédé ,
nous devons nous livrer à quelques considérations
historiques , critiques et pathologiques sur les modes
d'amputer antérieurs aux nôtres. Nous dirons aussi
par quel moyen nous avons conservé la liberté entière
des mouvemens de la première phalange lorsque nous
avons fait l'ablation des deux dernières.

On a proposé de faire un lambeau sur la face dorsale du doigt au-devant de l'articulation , de chercher
cette articulation , d'y pénétrer , de la traverser et de
pratiquer un lambeau antérieur ou palmaire.

Nous rejetons , avec M. le professeur Richerand ,
la formation du lambeau postérieur : en le pratiquant,
1°. l'on encourt l'inconvénient d'une dissection longue,

douloureuse et dangereuse ; 2°. ce lambeau, fort mince, peut être frappé de gangrène ; 3°. si l'on en pratique deux, la cicatrice siége au milieu de l'extrémité du moignon, et, toutes les fois qu'elle est mise en rapport avec des corps durs, il en résulte beaucoup de douleur. Lorsque le lambeau palmaire existe seul, cet inconvénient disparaît ; il est vrai que les traces de la solution de continuité, situées alors vers la face dorsale, sont plus apparentes ; mais l'on doit toujours préférer l'utile à l'agréable.

D'autres ont conseillé deux lambeaux latéraux. On conçoit aisément qu'un état pathologique peut les exiger ; mais nous devons supposer que cet état n'a pas lieu : or, ces lambeaux latéraux sont mauvais, puisqu'ils sont placés aux deux extrémités du diamètre le plus étendu de la solution de continuité, qu'ils la recouvriront mal, et qu'ils y seront difficilement soutenus.

Doit-on opérer quand on ne peut faire aucun lambeau ? Oui sans doute : les cas de congélation, etc., ont fréquemment sanctionné ce fait.

Ai-je besoin de dire que souvent, par cela même que les parties molles sont détruites d'un côté, qu'elles ne le sont pas de l'autre ; c'est vers les points où elles existent que le chirurgien est obligé de prendre des tissus pour recouvrir la surface de la solution de continuité ?

Les cas qui exigent l'amputation ne sauraient trouver place ici ; ils sont trop connus pour que je m'en occupe. Mais doit-on opérer dans l'articulation *phalan-*

go-phalanginienne? La première phalange ne donnant jamais attache au tendon fléchisseur, les praticiens en général ont proscrit cette opération ; ils ont craint que l'inflammation adhésive ne s'étant pas développée, ce tendon ne remontât sur la main; c'est en effet ce qui arrive presque toujours, et le malade porte alors un moignon immobile; moignon tellement incommode qu'il réclame une nouvelle amputation. Mais il serait possible d'empêcher cette rétraction du tendon en déterminant l'inflammation adhésive. Ceci serait surtout important pour le doigt indicateur, et pour les quatre derniers doigts, quand leurs premières phalanges doivent rester seules. Pour parvenir à ce but, appliquerait-on sur l'avant-bras un bandage roulé, fortement serré, qui, s'opposant à la contraction musculaire, concourrait à prévenir l'ascension des tendons? L'aide chargé de tenir le doigt pourrait-il comprimer suffisamment la face palmaire pour obtenir le même résultat? Dans le pansement, aurait-on recours à des attelles destinées à empêcher les mouvemens? Je craindrais de voir échouer ces moyens. Si les circonstances le permettaient, il serait plus prudent de ne pas trop se hâter d'opérer, dans l'espérance de laisser développer, sur la première phalange, l'inflammation adhésive qui empêche la rétraction que nous redoutons. Mais comment saurons-nous que cette inflammation a produit l'effet désiré? Ici le diagnostic est difficile, s'il n'est pas impossible à établir. J'avais vu des malades chez lesquels une plaie du doigt n'avait pu être guérie par première intention. Cette plaie avait produit l'adhésion du tendon aux parties environnantes. Voici l'idée que me

suggéra ce fait : je pensai que , si avant d'amputer ,
je pratiquais sur la face palmaire de la première phalange , dans l'étendue d'un demi-pouce , une incision
longitudinale qui intéresserait le tendon , incision que
je réunirais par seconde intention , toutes les difficultés pourraient être levées , l'adhérence désirée aurait
lieu. J'ai mis deux fois en usage ce procédé sur le doigt
indicateur , et j'ai complétement réussi : les deux per-
sonnes opérées ont joui de la liberté entière des mouvemens de la première phalange. M. X*** était affecté
de carie vénérienne siégeant sur les quatre derniers
doigts; les articulations *phalango-phalanginiennes* étaient
saines , les traitemens anti-syphilitiques n'avaient point
pu détruire la maladie locale ; j'emportai les quatre
phalangines après avoir mis en usage mon procédé ;
je fus assez heureux pour le voir couronné d'un
plein succès. Réussirait-on toujours ? Nos incisions
ne; pourraient - elles pas , à la rigueur, déterminer
quelques accidens ? Notre habitude n'étant point de
conclure, d'après un petit nombre de faits , nous at-
tendons, pour réduire nos idées en préceptes, que
l'expérience se soit encore prononcée davantage en
leur faveur.

Anatomie chirurgicale des articulations des phalanges.

Les phalanges s'articulent entre elles par ginglyme
angulaire parfait , l'extrémité inférieure de la première
et de la seconde offre une poulie plus étendue anté-
rieurement que postérieurement ; les deux têtes de
cette poulie sont moins prononcées sur la phalangine

que sur la phalange ; l'extrémité supérieure de la phalangine et de la phalangette présente deux légers en-
foncemens séparés par une crête peu saillante située sur
la ligne médiane. Les tendons des muscles extenseurs et
fléchisseurs, leur gaîne, une capsule articulaire, des ligamens latéraux constituent les moyens d'union des os
dont nous nous occupons. Il est important de rappeler
que toute l'étendue des faces latérales des articulations
est couverte par les ligamens latéraux : or , la facilité
avec laquelle on traverse l'article dépendant de leur section plus ou moins complète , les incisions latérales s'é-
tendront de la face dorsale à la face palmaire des doigts.

Il existe vers la face palmaire des articulations *phalango-phalanginiennes et phalangino-phalangettiennes* des
plis indélébiles , quelle que soit la tuméfaction des
doigts ; la partie supérieure de ces plis a des rapports
constans avec les articulations ; le pli qui est vers l'article *phalango--phalanginien* se trouve placé à son niveau ; le pli qui avoisine l'articulation *phalangino-phalangettienne* est situé une demi-ligne au–dessous. L'articulation de la première phalange du pouce avec la
dernière doit être considérée comme une articulation
phalangino - phalangettienne.

Mais un fait très remarquable, c'est que, quelle que
soit la petitesse des phalanges, leur mode de formation
est le même que celui de l'humérus , du fémur et de
tous les autres os longs, que leurs deux bouts se dé-
veloppent séparément de leurs corps, et beaucoup plus
tard. Il résulte de ces faits que les extrémités articulaires des phalanges restent long–temps séparées par

un intervalle cartilagineux dont l'étendue est en raison inverse de l'âge , jusqu'à la douzième ou la quinzième année , époque à laquelle l'ossification de ces parties est entièrement terminée. Cette loi générale de l'organisation ne devait pas être perdue pour nous. En effet, quand on opérera dans l'articulation *phalangino-phalangettienne* , et que l'on n'aura pas la certitude que les tendons sont adhérens , le bistouri marchera légèrement dans la crainte qu'il n'emporte l'épiphyse , et que les tendons ne remontent. Si au contraire une inflammation artificielle avait fait adhérer ces tendons, on pourrait couper au-dessus de l'article , quand un cas pathologique l'exigerait. Voilà encore une application des recherches faites par M. le docteur Serres sur les lois de l'ostéogénie. Chez quelques sujets adultes , la partie supérieure et postérieure de la phalangine et de la phalangette envoie sur la face postérieure de l'article un prolongement qu'il est facile d'éviter lorsque l'on est prévenu qu'il peut exister. Les cas de luxations , de vices de conformation des os seront prévus ; c'est au génie du chirurgien qu'il appartient de bien les apprécier et de modifier les procédés opératoires.

Procédés opératoires.

Voici celui que l'on suit ordinairement : 1er. *temps.* La main est mise en pronation ; un aide soutient les doigts sains dans l'extension , en même temps qu'il assujettit celui sur lequel on va pratiquer l'opération. Le chirurgien saisit la phalange malade avec le pouce et l'index placés parallèlement à l'axe de cet os. Il prend alors de l'autre main un bistouri droit, fort, et à lame étroite; il le tient comme pour les incisions longitudinales ; il en applique perpendiculairement le talon à une demi-ligne au-dessous de la partie supérieure du plan incliné formé par la position demi-fléchie que nous avons donnée à la phalange; il le promène directement de gauche à droite, et il divise successivement la peau, le tissu cellulaire, le tendon, sa gaîne et une partie de la capsule articulaire. Mais la tuméfaction existe-t-elle vers l'article ; est-elle considérable ? Le plan incliné dont nous venons de parler augmente de longueur, et si nous incisons, comme on le conseille, à une ligne au-dessous de sa partie supérieure, notre incision sera faite au-dessus de l'article que nous cherchons : ce précepte peut donc faire commettre une méprise. Elle sera toujours évitée si, comme nous l'avons conseillé depuis très long-temps, l'on coupe au niveau du pli, quand il s'agit de l'articulation phalango-phalanginienne, et une demi-ligne au-dessous, quand on veut pénétrer dans l'article phalangino-phalangettien.

2e. *Temps de l'opération*. Le bistouri, marchant toujours de gauche à droite, est porté sur le côté de l'articulation, sur toute l'étendue duquel il repose; son tranchant est dirigé vers l'opérateur ; son manche est plus près du chirurgien que sa lame, c'est-à-dire que l'instrument forme en avant avec l'axe du doigt un angle de soixante degrés environ ; ainsi le ligament latéral et les tissus qui le recouvrent sont coupés.

3e. *Temps de l'opération.* Le bistouri, porté en sens rétrograde, vient occuper la face latérale opposée de l'article ; là son tranchant est encore tourné vers l'opérateur, mais la lame est plus près de lui que le manche, et forme en arrière avec l'axe de l'os l'angle de 60 degrés. Le ligament latéral, les parties *sus-jacentes* sont divisés. On vient de voir qu'à l'aide d'une incision semi-lunaire et à concavité inférieure, nous avons circonscrit les deux tiers environ du pourtour de l'article ; les surfaces articulaires sur lesquelles nous n'exerçons aucun tiraillement sont assez éloignées ; alors on saisit par ses côtés la phalange qu'on veut emporter ; le bistouri en contourne la tête, glisse sous elle parallèlement à son corps dans l'étendue de trois lignes, et termine le lambeau demi-circulaire.

On pourrait réduire à un seul les trois temps que nous avons décrits : les parties étant dans la position énoncée, le bistouri partirait, de gauche à droite, du point où nous avons fini les deux tiers de cercle que nous venons de faire autour de l'article, et l'instrument, en parcourant les trois faces articulaires, affecterait successivement et sans désemparer les positions que nous lui avons données. L'incision devrait donc encore offrir une concavité inférieure ; on se comporterait ensuite comme il a été dit ci-dessus. Il arrive assez souvent que le doigt étendu ne peut pas être fléchi ; dans ce cas, une incision demi-circulaire, se dirigeant de gauche à droite, et partant de la face palmaire d'un côté pour finir vers la face palmaire de l'autre côté, aurait, avec les plis placés vers les articles, les rapports de distance que nous avons indiqués.

Nous avons imaginé d'attaquer les articulations par

leur face palmaire ; ce procédé fournit un lambeau inférieur plus régulier, et beaucoup d'élèves trouvent la désarticulation plus facile.

La main est portée dans une forte supination ; tous les doigts sont fléchis, abstraction faite de celui sur lequel on va opérer ; le chirurgien applique le pouce de sa main gauche sur le bout de la face palmaire ; la seconde phalange du doigt médius sur la face dorsale de l'article qu'on doit ouvrir et avec l'axe duquel cette phalange forme un angle presque droit ; ainsi le doigt médius dépasse le diamètre transversal de l'article ; alors l'opérateur, armé d'un bistouri tenu comme pour les incisions longitudinales, met sa main en supination, applique le plat de l'instrument sur la pulpe de son médius situé sous l'article ; ce doigt lui sert de point d'appui ; la pointe du bistouri est ensuite plongée sous le pli ou à une demi-ligne plus bas, ainsi que nous en sommes convenus, suivant l'article qu'on attaque ; mais il faut que l'instrument rase les faces latérales et l'antérieure de l'articulation ; or, quand on commence à introduire le bistouri, son manche est un peu moins relevé que sa pointe, et à mesure que celle-ci pénètre dans les tissus, l'instrument affecte la position horizontale, qu'il quitte bientôt, parce que, au moment où la pointe va sortir du côté diamétralement opposé, le manche devient à son tour plus élevé que la lame ; puis l'instrument longe la phalange de haut en bas dans l'étendue d'un demi-pouce, et termine le lambeau antérieur qu'un aide relève sur-le-champ. Enfin le chirurgien porte son bistouri sur une des faces latérales de l'article à la base du lambeau ; la pointe de l'instrument est perpendiculaire à l'horizon, et le tranchant à l'axe de l'articulation ; le bistouri est alors promené d'une face latérale à l'autre, en rasant le lambeau, et parcourt ainsi les deux tiers du pourtour de l'article, qui, largement ouvert, est facilement traversé. On enlève la phalange sans faire de lambeau postérieur. Ordinairement l'on ne fait point de ligatures : l'on réunit par première intention ; l'on panse avec des bandelettes agglutinatives, des bandelettes de cérat, de la charpie, une compresse et une bande.

FIN.

Imp. Anth°. BOUCHER, rue des Bons-Enfants, n°. 34.